Kiukun karkotuksen käsikirja
kaikille kiukuttelusta kärsiville

Rakkaille

kiitos inspiraatiosta

PILVI VALTONEN
Kiukun karkotus -leikki

Teksti: Pilvi Valtonen
Kuvat: Tiina Karppi

© Pilvi Valtonen 2017
Kustantaja: Books on Demand GmbH, Helsinki, Suomi
Valmistaja: Books on Demand GmbH, Norderstedt, Saksa
ISBN: 978-952-330-428-4

Moi!

Minä haluaisin kertoa Sinulle salaisuuden,
suuren salaisuuden, mutta uskallankohan...

Minä olen kiukutellut!
Itse asiassa aika monta kertaa ja monella eri
tavalla. Olen kiukutellut niin paljon, että olen
keksinyt itselleni Kiukun karkotus -leikin.
Nyt haluan opettaa sen Sinulle.

Leikki alkaa seuraavalta sivulta.
Lue, leiki ja muista värittää kuvat.

Kiukun karkotus -terveisin
Pilvi

MAAILMAN PARHAAT ASIANTUNTIJAT
VAKAVAA ONGELMAA POHTIVAT.
LEVIÄÄ KIUKKU VAUHDILLA MAAILMALLA,
SITÄ ESIINTYY JO AIVAN KAIKKIALLA.
SEN VALLASSA IHMISET OVAT HURJIA,
JA TEKEVÄT TEMPPUJA AIVAN KURJIA.

OLETKO SINÄ KIUKUSTA KÄRSINYT,
SEN VAHVASTA VOIMASTA TÄRISSYT?
OLETKO AIVAN HURJASTI SUUTTUNUT,
ONKO NAAMASI PUNAISEKSI MUUTTUNUT?
OLETKO RAIVONNUT KUIN VILLI,
TAI HUUTANUT KUIN PALOPILLI?

JOS TÄMÄ ON SINULLE TUTTUA,
ITSE KOETTUA JUTTUA,
HUOKAISE SYVÄÄN
JA RAUHOITU VÄHÄN,
KESKITY HETKISEKSI TÄHÄN.

MINÄ OPETAN SINULLE KONSTIN UUDEN

JA SAMALLA KERRON SALAISUUDEN;

VAIKKA KIUKKU OLISI KUIN VILLIKISSA,

ON SE AIVAN VARMASTI VOITETTAVISSA.

ENSIN PUHALTELE LAILLA TUULEN,
SITEN KIUKUN PIENENEVÄN LUULEN.
SEURAAVAKSI ALKAA HARJOITUS
NIMELTÄNSÄ "KIUKUN KARKOTUS".

KONTTAUSASENNOSTA ALOITA,
TOINEN KÄSI JA JALKA OJENNA.

POLVISEISONTAAN ITSESI ASENNA
JA NENÄSI KÄMMENEEN PIILOTA.

MENE KYYKKYYN AIVAN KIPPURALLE,
KÄTESI NOSTA YLÖS TAIVAHALLE.

HETKI SEISO VAIN YHDELLÄ JALALLA,
POSKESI PULLISTA KUIN PALLOKALALLA.

TASAPAINOILE VAA'AN LAILLA,
VIRNISTELE HUOLTA VAILLA.

JALKOJESI VÄLISTÄ KURKISTA
JA KULMASI TIUKASTI KURTISTA.

POLVILLESI KÄDET ASETA,
KAULALLA KORKEUKSIIN KURKOTA.

ASETTAUDU RISTI-ISTUNTAAN,
VASEN KÄTESI KORVAAN OIKEAAN.

SELÄLLÄSI MAKAA JA JALAT KATTOON,
VATSALLESI KÄÄNNY JA MAHA MATTOON.

POLVI-ISTUNTAAN KÄY, VIELÄ PUHALLA,
KUMMALLAKIN KÄDELLÄ VILKUTA.

LOPUKSI ISTAHDA LATTIALLE,
LENTOSUUKKOJA LÄHETÄ MAAILMALLE.

NYT HARJOITUS TÄLTÄ KERRALTA RIITTÄÄ,
HAUSKASTA SEURASTA TAHDON KIITTÄÄ.
KUMARRAN, NIIAAN JA JATKAN MATKAA,
TOUHUJASI SINUN ON AIKA JATKAA.

AI NIIN!
EN MEINANNUT OLLENKAAN
MUISTAA KYSYÄ:
"VIELÄKÖ KIUKUTTAA?"

TAIDAN ARVATAKIN VASTAUKSET:

"KIUKKU KATOSI.

SINÄ HYMYILET!"